Jean K. Mathieu

VOCABULAIRE DELF B2

300 EXPRESSIONS POUR RÉUSSIR

© Jean K. MATHIEU, 2020

Également disponible :

Production Orale DELF B2 — 99 sujets pour réussir

Sommaire

À propos de l'auteur 7
À propos de ce livre 8

Conseils généraux **12**
    Compréhension orale 12
    Compréhension écrite 14
    Production écrite 15
    Production orale 17

Astuces pour apprendre le vocabulaire **19**
    Astuces pour mieux mémoriser 19
    Enrichir son vocabulaire sans effort 20
        Préfixes et suffixes 20
        Nominalisation 24
        Les cooccurrences 27

300 expressions pour réussir **31**

Lexique indispensable pour le DELF B2 .... **95**

À propos de l'auteur

J'enseigne le français et je suis spécialisé dans la préparation des examens et des entretiens et la prononciation. Cela fait plusieurs années que j'aide les apprenants de français à atteindre leur objectif, à réussir le DELF, à améliorer leur score au TEF, à passer des entretiens avec des universités ou pour travailler dans des entreprises françaises, et à voyager en France en toute confiance.

À propos de ce livre

Ce livre vous permettra de mettre toutes les chances de votre côté pour réussir le DELF B2, bien qu'il soit aussi utile pour tout autre examen et de manière générale pour améliorer votre vocabulaire.

Le niveau du DELF B2 nécessite de connaître les expressions quotidiennes qui sont aussi utilisées dans les médias. Le français parlé le plus souvent contient beaucoup d'expressions qu'il est difficile de comprendre si on les entend pour la première fois. Il s'agit de vous familiariser avec ces expressions de manière naturelle. C'est pour cette raison qu'il y a pour chaque expression une définition et un exemple.

Ces expressions vous seront très utiles pour comprendre l'actualité de manière passive (compréhension écrite et orale). Il est conseillé de mémoriser celles qui vous plaisent et qui vous semblent utiles. Vous pourrez ainsi les utiliser quand ce sera à votre tour de vous exprimer dans cet examen du DELF B2 (production écrite et orale).

Savoir parler français n'est pas suffisant pour cet examen, il faut savoir structurer votre pensée, mais aussi avoir une compréhension plus globale de la langue et de la culture française. Utiliser du vocabulaire recherché et des expressions idiomatiques vous rapproche certainement d'un français natif. Ainsi, cela vous permettra d'augmenter vos chances de réussir à l'examen.

C'est pourquoi j'ai décidé de rassembler dans ce livre les expressions idiomatiques ainsi que le vocabulaire essentiel à connaître pour le DELF B2.

Je suis convaincu que cela va vous aider à gagner du temps et économiser votre énergie. Mon objectif est que vous puissiez passer cet examen avec confiance. Pour toute question, contactez-moi par email jean@itsfrenchjuice.com.

Jean K Mathieu

Vocabulaire DELF B2
300 expressions pour réussir

Le DELF B2 est une étape importante pour chaque apprenant. Comme vous le savez sûrement, se préparer à passer le DELF B2 vous donne l'occasion d'améliorer vos compétences, mais ce diplôme permettra surtout de faire valoir vos compétences en français, que vous souhaitiez trouver un travail ou entrer dans une université en France ou au Canada.

Le diplôme du DELF

- est un diplôme à vie qui est une preuve internationale de votre aptitude en français
- est basé sur le standard international utilisé dans 164 pays (CECR)
- est un document officiel international qui ajoute de la valeur à votre CV
- offre des avantages pour accéder aux études supérieures. Il est reconnu internationalement par les institutions d'études supérieures francophones, y compris au Canada.
- est reconnu par les universités en France (B2 et supérieur)
- ouvre les portes à un choix de carrière au Canada et dans le monde entier.

Passer le DELF B2 va non seulement vous permettre de déterminer votre compétence en français, mais aussi de :
- vous motiver
- apprendre
- progresser
- pratiquer
- équilibrer toutes vos compétences

Les principaux thèmes du DELF B2
- Les sujets d'actualité
- La culture (cinéma, littérature, arts...)
- L'économie
- L'environnement/développement durable/écologie
- Les transports (en commun, les moyens de transport, les pistes cyclables, les embouteillages...)
- Les loisirs (le sport, le voyage...)
- Le monde du travail (entreprise, salariés, chômage...)
- L'éducation (les études...)
- Le logement
- Les nouvelles technologies et Internet
- La santé
- La famille
- Le droit et la justice
- La consommation

Conseils généraux

Compréhension orale

Soyez attentif lorsque vous lisez les questions. La plupart des réponses sont dans les questions. Il arrive même parfois de pouvoir répondre avant d'avoir écouté l'enregistrement. Soyez attentif au contexte général pour éviter de choisir la mauvaise réponse.

La première partie est plus facile, mais vous entendrez l'enregistrement une seule fois.

Dans la deuxième partie, vous pouvez en général entendre plusieurs interlocuteurs et les questions suivent l'ordre chronologique de l'enregistrement.

Toute réponse fausse n'est simplement pas comptabilisée, donc si vous ne connaissez pas la réponse, tentez votre chance en choisissant quand même une réponse.

Prenez des notes autant que vous pouvez, ainsi vous laisserez votre mémoire libre pour vous concentrer sur les nouveaux éléments.

Conseils :

Vous pouvez murmurer lorsque vous lisez les questions, ou au moins bouger les lèvres en prononçant. Parfois c'est utile de vous rappeler du son du mot que vous allez entendre, plutôt que de juste attendre de l'entendre. Les sons des mots du français que vous imaginez en lisant et que vous entendez réellement sont souvent différents.

Entraînez-vous avec ces différentes techniques pour progresser en compréhension orale :
- écouter différents accents
- faire des dictées
- pratiquer le shadowing
  (voir https://itsfrenchjuice.com/2017/05/17/recipe-shadowing-french/)
- pratiquer avec les exemples d'examens.

Compréhension écrite

La plupart des documents sont tirés de quotidiens français : Le Monde, Libération, Le Figaro, Le Nouvel Observateur, Le Point, Marianne.

Les questions suivent l'ordre chronologique du texte.
Lisez d'abord les questions, ensuite le texte. Cela vous permettra de gagner du temps.

Lisez beaucoup pour vous habituer au vocabulaire utilisé dans les médias.

Quand ils lisent un texte, la plupart des étudiants ont tendance à privilégier la qualité quand ils lisent. C'est-à-dire qu'ils s'arrêtent à chaque mot qu'ils ne comprennent pas et regardent dans le dictionnaire. C'est évidemment très utile, mais cela vous fait perdre du temps et de l'énergie. Je vous conseille également de donner une place importante à la quantité. Lisez beaucoup régulièrement en utilisant 3 ou 4 quotidiens différents, sans utiliser le dictionnaire. Le sens des mots vous sera plus clair avec le temps. Rappelez-vous que 99 % des mots que vous connaissez dans votre langue maternelle, vous ne les avez jamais cherchés dans un dictionnaire. Vous les avez appris en contexte. C'est une pratique passive qui nécessite du temps, mais elle est très efficace. Vous devez également vous habituer à lire des textes sans dictionnaire, car son utilisation est interdite à l'examen.

Conseils

- lisez beaucoup
- ne vous focalisez pas sur les mots que vous ne connaissez pas à l'examen : lisez les questions d'abord et ensuite le texte.
- ne vous focalisez pas sur le mot que vous ne connaissez pas, mais sur le contexte.
- prenez des notes lorsque vous lisez, surtout à la première lecture.
- répondez à toutes les questions ; ne laissez aucune réponse vide.

Production écrite

Vous devrez rédiger différents types de textes dans cette partie (toujours argumentatifs et formels) :

- lettre formelle (le plus fréquent)
- débattre sur un blog ou un forum
- rédiger un avis en réaction à un article
- une petite dissertation : pour exprimer votre point de vue sur un sujet. La structure du plan est exactement la même que pour la partie orale.

Restez simple

Utilisez des phrases simples
Si vous avez un doute, n'utilisez pas les structures dont vous n'êtes pas sûr. Évitez-les. Restez simple. Certains professeurs conseillent d'utiliser tout ce que vous connaissez, mais ce n'est pas une bonne idée d'utiliser les choses que vous ne maîtrisez pas.

C'est mieux de faire simple et efficace :

- La structure de base de la phrase doit être simple (sujet+verbe+objet)
- Vous pouvez ajouter des éléments supplémentaires (adjectifs, adverbes, propositions…), mais vérifiez d'abord que la structure de base est claire et simple.
- Une phrase = une idée : pour rester claire et éviter les erreurs, chaque phrase doit comporter une idée au maximum.
- Utilisez des virgules si votre phrase est trop longue.

Utilisez une grammaire simple
Évitez ce type de structures qui sont souvent difficiles à utiliser :

- voix passive
- participe présent ou le gérondif
- doubles pronoms compléments
- pronoms relatifs complexes « dont » « lequel »
- pronoms « en » et « y »
- concordance des temps
- essayez dans la mesure du possible d'éviter les structures complexes. Simplifiez ou changez toute la phrase. Évitez d'utiliser les expressions que vous ne maîtrisez pas.

Pensez à garder du temps pour vous relire. Il faut aussi répondre selon la question qui vous a été posée et ne pas faire de hors-sujet.

Production orale

La partie la plus importante de la production orale est la partie sur le plan. La production orale du DELF B2 concerne autant les idées que la structure de la présentation. Il faut construire une **structure logique** et y intégrer vos idées et arguments.

À propos de la production orale du DELF B2

Les compétences que les examinateurs attendent de vous :
- trouver des arguments
- donner votre opinion, défendre vos idées
- organiser vos idées et votre présentation (cohérence)

Ce que l'on attend de vous

Vous aurez 30 minutes pour préparer une présentation orale de 10 minutes, basée sur un document déclencheur. Vous devrez ensuite défendre et discuter de votre opinion avec deux examinateurs pendant environ 10 minutes. Vous allez choisir un sujet parmi les deux qui vous seront proposés. Il s'agit de choisir le bon. Nous nous concentrons sur la stratégie et comment obtenir un maximum de points, pas sur votre affinité ou sensibilité à propos du sujet. Ne choisissez donc pas un sujet seulement parce qu'il vous intéresse. Vous devrez être capable de présenter vos arguments et de trouver des exemples.

Le plan de la présentation de la production orale se présente généralement comme ceci :

- **Présentation**
    - Introduction : présenter le document, résumer son contenu, trouver la problématique et présenter la structure de votre plan *(environ 3 minutes)*
    - Développement : présenter et défendre votre opinion en respectant votre plan (chaque idée principale représente une partie, vous pouvez avoir un plan en 2 ou 3 parties) *(environ 8 minutes)*
    - Conclusion : résumer votre présentation, faire une conclusion et proposer une ouverture (suggérer d'autres idées) *(environ 2 minutes)*

- **Débat**
    - L'examinateur vous posera des questions et vous devrez défendre votre opinion *(7 minutes)*

Astuces pour apprendre le vocabulaire

Astuces pour mieux mémoriser

Pour apprendre du vocabulaire, il faut :

– **mémoriser sa signification** : vous pouvez regarder le dictionnaire, mais pour beaucoup de mots il est aussi possible de les associer à l'image de ce qu'il représente. Il est aussi bon de trouver beaucoup d'exemples de son utilisation, et de les lire à haute voix plusieurs fois (sans forcément les mémoriser).
– **mémoriser son orthographe** : cela se fait de manière passive, puis active en pratiquant la dictée.
– **mémoriser sa prononciation** : c'est essential de prononcer tout ce que vous apprenez. N'attendez pas de tout connaître pour parler français. Parler d'abord et apprendre ensuite est aussi une très bonne manière. Répétez tout à haute voix, cela permettra non seulement à votre mental d'apprendre, mais aussi à vos oreilles et à votre bouche.
– **mémoriser son utilisation** : il est essentiel de voir les différents contextes d'utilisation. De plus cela vous permettra de connaître davantage le contexte dans lequel ce mot est souvent utilisé. Cherchez des exemples et répétez-les à haute voix.

La mémorisation est plus efficace avec une répétition espacée.

- Il est toujours plus facile de mémoriser une image qu'un mot : vous pouvez chercher une image qui correspond au mot. Vous pouvez aussi créer vous-même une image mentale de ce que représente le mot.
- Les images en mouvements sont encore plus efficaces pour mémoriser (vidéos, animations GIF…)
- Environnement : apprendre des mots dans un environnement en mouvement, en marchant, en faisant du sport (tout en écoutant un enregistrement audio) est très efficace. Sortir du contexte habituel d'étude (bureau, bibliothèque, vous permet d'associer le nouvel environnement, votre position, au nouveau mot. En faisant quelque chose qui vous plaît (marche, cuisine, sport) tout en écoutant *Le journal en français facile de RFI*, va vous engager émotionnellement, ce qui est très important pour se souvenir.

Enrichir son vocabulaire sans effort

Préfixes et suffixes

La langue française comporte beaucoup de préfixes et de suffixes dérivés du latin et du grec. Si vous souhaitez ne **pas perdre trop de temps ni d'énergie,** vous devez apprendre à utiliser les préfixes et les suffixes.

Qu'est-ce qu'un préfixe ?

Un préfixe est un mot ou des lettres placées au début d'un autre mot (le mot de base) pour préciser ou changer son utilisation et sa signification.
Les préfixes sont des éléments qui, lorsqu'ils sont ajoutés avant un nom, un adjectif ou un verbe, peuvent créer un nouveau mot avec un nouveau sens, sans en changer la valeur grammaticale. Certains préfixes peuvent changer le sens du mot pour en faire son opposé.

Exemple : *probable==> im +adjectif = improbable*

La liste suivante présente les cas les plus courants avec quelques exemples.

Préfixes de verbes
Les principaux préfixes de verbes sont **dé -, re-, en-** .

dé- : oppose le verbe à préfixe au verbe simple

Exemples :
Faire - défaire
Boucher - déboucher
Composer - décomposer
Coudre – découdre

Avant une voyelle ou un *h* muet, il devient **dés-** et avant un *s* il devient **des -**: *désabonner, déshabiller, desserrer, desservir*

r-/re- /ré -: indique une répétition, un recommencement

re- + consonne : *rebâtir, remettre, repousser, recouper, retransmettre, reconstructible*
ré- ou r- + voyelle : *réapprendre, réunir, raccompagner, réinventer, réexamen*
ré- +consonne : *dans ce cas, le verbe de base et celui avec préfixe ont un sens différent : réclamer, réfléchir, se réjouir*

en- /em- : ont le sens de <dans>

déballer/emballer
déchaîner/enchaîner
déménager/emménager

en- /em- : ont le sens de <loin de, entrer dans un certain état>
emporter
s'enfuir
s'envoler
embellir
s'endormir
enlaidir

Préfixes d'adjectifs

Le préfixe in-

En ajoutant in- devant un adjectif (visible) nous obtenons l'opposé (invisible). Ce sont des antonymes, qui sont des mots avec un sens opposé (contrairement aux synonymes). In- est un préfixe négatif que l'on ajoute devant un adjectif :

certain ➤ *incertain.*

Ce préfixe change selon le mot qui suit :
– avant **l**, il devient **il-**
– avant **m**, b, p, il devient **im-**
– avant **r**, il devient **ir-**

Ainsi, l'opposé de *lisible* est *illisible*. L'opposé de *modéré* est *immodéré*. L'opposé de *récupérable* est *irrécupérable*.

Le préfixe a-

Le préfixe a- provient du grec et signifie « non » ou « pas » ou « sans ». Ainsi, *apatride* est quelqu'un sans patrie, qui n'a pas de patrie. Quelqu'un d'*asocial* est quelqu'un qui vit en dehors de la société (qui n'est pas dans la vie sociale)

Qu'est-ce qu'un suffixe ?

Un suffixe est un mot ou des lettres placés à la fin d'un autre mot pour préciser ou changer son utilisation et sa signification.

Les suffixes de verbes

La plupart expriment l'idée de faire, rendre, devenir, changer à un certain état :

–er/ -ier, -eler
calmer (rendre calme)
différencier (la différence)
ciseler (le ciseau)

–ifier, -iser :
amplifier (agrandir)
clarifier (rendre clair)
simplifier (rendre simple)
actualiser (rendre actuel)
favoriser (donner un avantage)
sécuriser (rendre plus sûr)

–ir : *blanchir, noircir, pâlir épaissir (rendre épais) s'épaissir (devenir épais)*

Nominalisation

La nominalisation permet de créer un nom à partir d'un verbe ou d'un adjectif. C'est très utilisé, surtout à l'écrit, car il permet de donner beaucoup d'informations en un seul mot.

Exemple :
partir → le départ
chaud → la chaleur

Si le nom est construit à partir d'un verbe, la plupart des terminaisons seront *-age, -ation, -ment, -sion, tion, -uction, -ure*.
– *age* : *passer → le passage*
  laver > le lavage
– *ation* :
  démolir → la démolition
  dériver > la dérivation
– *ment* :
  acquitter → l'acquittement
  détourner > le détournement
– *sion* :
  exploser → l'explosion
– *tion* :
  protéger → la protection
  détruire > la destruction
– *uction* :
  déduire → la déduction
– *ure* :
brûler → la brûlure fermer -> fermeture ouvrir > l'ouverture

Si le nom est construit à partir d'un adjectif, la plupart des terminaisons seront -ance, ence, – esse, -ie, -ise, -té, -eur–

–ance/ence :
  élégant → l'élégance
  absent → l'absence
  violent → violence
  abondant –abondance

– esse :
  paresseux → la paresse
  large –largesse

– ie :
  démocrate → la démocratie

– ise :
  bête → la bêtise
  franc → franchise

– té/ité :
  beau → la beauté
  bon → bonté
  précaire –précarité

– eur :
  pâle → pâleur

Plusieurs nominalisations sont néanmoins possibles :

doser : *dosage : action de doser.*
  doseur : appareil permettant de faire des dosages.

blanc : *blanchissage : action de nettoyer, de blanchir le linge.*
  blanchiment : action de recouvrir de blanc ; blanchir de l'argent sale.

agir : *action : ce que fait quelqu'un ou quelque chose.*
  agissement : suite de procédés ou de manœuvres condamnables.

abattre : *abattage : action d'abattre, de faire tomber.*
abattement : action d'abattre, de diminuer.
abatteur : celui qui abat.
abattoir : bâtiment où l'on abat les animaux.

Les cooccurrences

En français, certains mots sont très « amis ». Les cooccurrences ne sont pas des expressions, mais simplement des mots que l'ont a tendance à placer côte à côte. Ce sont des assemblages évidents.

Exemple :
demander une question > poser une question
dire une nouvelle > annoncer une nouvelle

C'est dans les médias et donc dans la plupart des documents que vous trouverez à l'examen DELF B2, que l'ont peut trouver le plus de cooccurrences.
La langue que « parlent » les médias est toujours la même. L'utilisation des cooccurrences est très importante pour comprendre ou rédiger (articles, journaux, romans…)

Il y a plusieurs façons d'utiliser les cooccurrences :

1. verbe + nom
2. nom + adjectif
3. verbe + proposition adverbiale

1. verbe + nom

Tout d'abord, il y a certains verbes qui sont systématiquement utilisés avec certains noms.
*faire une annonce > **passer** une annonce*
*faire un appel > **lancer** un appel*
*faire ses bagages > **boucler/plier** ses bagages*
*faire un catalogue > **dresser** un catalogue*
*faire un métier > **exercer/pratiquer** un métier*

Dans certains cas, il s'agit de la nominalisation d'un verbe.
apporter une aide = aider
pousser un aboiement = aboyer
formuler une accusation = accuser
accorder une amnistie = amnistier
donner son approbation = approuver

On peut aussi partir du nom et lister les verbes les plus souvent en relation avec ce nom.

contrat : conclure, décrocher, dénoncer, empocher, emporter, entériner, exécuter, honorer, négocier, passer, rédiger, remplir, renégocier, résilier, rompre, signer.

Il y a aussi la structure nom+verbe intransitif
une flamme vacille
un fleuve gronde
une explosion retentit
l'Histoire bégaye

2. nom + adjectif

La combinaison nom + adjectif est l'une des plus courantes. Par exemple, le nom « **précision** » est souvent suivi par l'un de ces adjectifs :
précision : *chirurgicale, diabolique, maniaque, mathématique, etc.*

ou l'opposé, en commençant par l'adjectif « **budgétaire** », cela donne :
budgétaire *: arbitrage, assainissement, austérité, choix, contrainte, coupe, dérapage, discipline, rallonge, restriction, rigueur, trou ;*
médiatique *: acharnement, battage, conditionnement, couverture, déballage, emballement, relais, retentissement, sirène, tapage, tintamarre ;*
technologique *: avancée, bijou, bond, fossé, gouffre, innovation, pari, percée, prouesse, raffinement, retombée, saut, tour de force.*

3. verbe + proposition adverbiale

Certains verbes ont une plus grande tendance à être suivis par un adverbe ou par une proposition adverbiale. Par exemple « **critiquer** « peut souvent être construit ainsi :
critiquer à mots couverts, âprement, durement, machinalement, ouvertement, sèchement, vertement, vivement.

300 expressions pour réussir

Voici une liste de 300 expressions idiomatiques utilisées dans la vie de tous les jours et dans les médias français. Ce sont des expressions qui peuvent apparaître dans les différents documents auxquels vous serez confrontés à l'examen.

À bras-le-corps

Définition : avec détermination
Exemple : *Il faut prendre à bras-le-corps le problème de la qualité de l'air et de la pollution.*

À contrecœur

Définition : avec réticence, parfois avec regret
Exemple : *Elle m'a rendu service, mais je sais qu'elle l'a fait à contrecœur.*

À corps perdu

Définition : jusqu'au bout de ses forces
Exemple : *Je me suis plongé à corps perdu dans la révision des examens et ça a fini par payer.*

À couteaux tirés

Définition : se dit d'une ambiance ou d'une situation très tendue entre plusieurs personnes
Exemple : *Ces deux pays sont à couteaux tirés.*

À l'intérieur des terres

Définition : dans l'arrière-pays ou assez loin de la côte, par opposition au bord de mer
Exemple : *Pour trouver un climat moins humide, il faut aller à l'intérieur des terres.*

À toutes les sauces

Définition : cette expression sert à qualifier un mot, une expression, une idée qu'on utilise dans n'importe quelle situation, qu'on ressort tout le temps.
Exemple : *Cette expression s'entend beaucoup, un peu à toutes les sauces.*

Accueillir à bras ouverts

Définition : accueillir chaleureusement
Exemple : *La délégation a été accueillie à bras ouverts à Paris, et il était convenu que tout devait être fait pour satisfaire aux exigences de l'investisseur.*

Alerte rouge

Définition : alerte maximum, signalant un danger imminent auquel il est impératif de faire face
Exemple : *Suite aux intempéries, la Bretagne a d'ailleurs été placée en alerte rouge.*

Annoncer la couleur

Définition : expliquer très clairement comment les choses vont se passer, surtout quand il y a des conditions qui peuvent être un peu difficile
Exemple : *Notre nouveau chef a annoncé la couleur : plus de retards tolérés le matin. Il va falloir que tout le monde soit à l'heure.*

Appeler un chat un chat

Définition : appeler les choses par leur nom, être direct, sans ambiguïté
Exemple : *Lucie n'a pas peur d'appeler un chat un chat.*

Apporter de l'eau au moulin de quelqu'un

Définition : donner des arguments qui complètent ce que dit une personne, fournir des arguments permettant d'étayer une opinion
Exemple : *Oui, Kevin, tu as raison. Là, tu apportes de l'eau à mon moulin !*

Arriver comme un cheveu sur la soupe

Définition : intervenir maladroitement, importunément
Exemple : *La mise en place de cet accord de libre-échange, pratiquement en secret, est arrivée comme un cheveu sur la soupe.*

Au chant du coq

Définition : de très bon matin, aux premières lueurs de l'aube
Exemple : *Mon grand-père s'est levé au chant du coq toute sa vie.*

Au cœur de quelque chose

Définition : au centre, à l'intérieur
Exemple : *Les chemins de fer ont été au cœur de la révolution industrielle.*

Auberge espagnole

Définition : colocation où tout le monde partage tout
Exemple : *La coloc de mon fils c'est l'auberge espagnole !*

Avoir bon dos

Définition : endosser des responsabilités indues
Exemple : *J'ai tout mis sur le compte de mon collègue, qui a bon dos.*

Avoir de beaux jours devant soi

Définition : avoir un avenir radieux, pouvoir durer longtemps
Exemple : *Malgré le format numérique, le livre papier a encore de beaux jours devant lui.*

Avoir des nerfs d'acier

Définition : supporter la pression en toutes circonstances
Exemple : *Ce qu'il vous faut, ce sont une idée lumineuse, une préparation soignée et des nerfs d'acier.*

Avoir du pain sur la planche

Définition : avoir beaucoup de travail, de choses à faire
Exemple : *Ils ont acheté une vieille maison, mais il faut la retaper entièrement. Ils ont du pain sur la planche.*

Avoir la gueule de bois

Définition : avoir mal à la tête après des excès d'alcool
Exemple : *On a la gueule de bois le lendemain de veille bien arrosée.*

Avoir la main verte

Définition : être bon en jardinage et l'entretien des plantes
Exemple : *Cette plante est le cadeau parfait pour toute personne ayant la main verte.*

avoir la situation (bien) en main

Définition : contrôler, gérer la situation
Exemple : *Ne croyez pas ces politiciens qui nous assurent que tout est maîtrisé et qu'ils ont la situation bien en main, ils mentent.*

avoir le bras long

Définition : avoir une bonne allonge ; être influent.
Exemple : *Comme les réseaux de drogue ont le bras long, la police doit recourir à diverses stratégies.*

Avoir le feu vert

Définition : être autorisé à…
Exemple : *J'allais avoir le feu vert pour un projet et tout a été annulé à la dernière minute.*

Avoir le sourire aux lèvres

Définition : avoir l'air content
Exemple : *Mais ceux qui ont accepté d'entrer en sont sortis le sourire aux lèvres.*

Avoir le vent en poupe

Définition : signifiait être grandement favorisé dans sa course par les éléments.
Exemple : *Les cheveux longs pour les hommes avaient le vent en poupe dans les années 70.*

Avoir les mains liées

Définition : être obligé de ; ne pas avoir les mains libres, les pleins pouvoirs
Exemple : *Entre le crédit à rembourser et le bébé qui arrivait, j'avais les mains liées.*

Avoir les nerfs, être sur les nerfs

Définition : être énervé, être surexcité
Exemple : *Avec le changement de direction, tout le monde est sur les nerfs.*

Avoir quelque chose sur les bras

Définition : être occupé à quelque chose
Exemple : *Nous risquons d'avoir une catastrophe sur les bras.*

Avoir une belle plume

Définition : avoir un style d'écriture agréable voire passionnant
Exemple : *C'est un auteur à succès qui a une très belle plume.*

Avoir/donner carte blanche

Définition : avoir/donner toute liberté, toute initiative
Exemple : *Le gouvernement donne carte blanche à la police pour expulser les clandestins.*

Baisser les bras

Définition : renoncer, se décourager et abandonner.
Exemple : *Leur fils ne les écoute plus du tout. Ils ont complètement baissé les bras.*

Bête noire

Définition : personne ou chose détestée
Exemple : *Les inspections du travail pourront faire face au travail au noir, qui est la bête noire du fisc.*

Boire la tasse

Définition : avaler de l'eau en se baignant, fig. crouler sous les difficultés
Exemple : *Quand on apprend à nager, c'est normal de boire la tasse plusieurs fois.*

Bonnet d'âne

Définition : bonnet de papier à longues oreilles que l'on mettait sur la tête des mauvais élèves
Exemple : *Les élèves du Japon, de Hongkong et de la Corée-du-Sud arrivent premiers en maths et en sciences, tandis que l'Amérique du Sud a le bonnet d'âne.*

Bouc émissaire

Définition : personne supportant à tort toute la responsabilité d'un fait
Exemple : *Il fallait trouver un coupable dans cette histoire et Paul a été le bouc émissaire.*

Broyer du noir

Définition : ne pas avoir le moral, être déprimé
Exemple : *Sa femme l'a quitté. Il broie du noir.*

C'est du pain bénit

Définition : c'est une bonne affaire qui tombe bien à propos
Exemple : *Un divorce d'une star, c'est du pain bénit pour la presse à scandales.*

C'est l'arbre qui cache la forêt

Définition : un détail qui cache un ensemble de choses plus importantes
Exemple : *La saisie de 500 kg de drogue dans la banlieue de Paris est l'arbre qui cache la forêt.*

C'est la cerise sur le gâteau

Définition : le détail final qui rend parfaite une situation
Exemple : *Il a gagné un voyage dans la cabine de pilotage du TGV. Et cerise sur le gâteau, le conducteur lui a laissé les commandes pendant quelques instants.*

C'est la fin des haricots

Définition : c'est la fin de tout, tout est perdu
Exemple : *Je me suis fait renvoyer, c'est la fin des haricots !*

C'est tiré par les cheveux

Définition : c'est exagéré
Exemple : *Je pense qu'essayer de comparer deux produits aussi différents est un peu tiré par les cheveux.*

Ça se vend comme des petits pains

Définition : ça se vend très facilement, ça a beaucoup de succès.
Exemple : *Leur nouveau téléphone s'est vendu comme des petits pains.*

Caracoler en tête

Définition : être largement premier
Exemple : *Cette semaine, le nouveau single de la chanteuse québécoise\« caracole en tête\ » dans le classement américain, le Billboard. Le disque :*

Ce n'est pas ma tasse de thé

Définition : ce n'est pas mon sujet de prédilection, mon occupation favorite, ça n'entre pas vraiment dans mes préoccupations habituelles
Exemple : *Les films d'horreur ce n'est pas ma tasse de thé.*

Ce n'est pas tout rose

Définition : ce n'est pas une situation facile, il y a des difficultés.
Exemple : *Il a refait sa vie après son divorce. Mais c'est pas tout rose quand même.*

Champignon atomique

Définition : nuage formé lors d'une explosion nucléaire
Exemple : *Le nuage de feu qui s'élève après une explosion atomique est connu sous le nom de champignon atomique.*

Chauffer à blanc

Définition : exciter, être remonté
Exemple : *Le public était chauffé à blanc avant l'arrivée du chanteur.*

Cheval de bataille/dada

Définition : idée favorite, sujet de conversation préféré
Exemple : *La lutte contre la corruption est devenue le cheval de bataille du président chinois.*

Comme un coq en pâte

Définition : très bien traité, heureux
Exemple : *Le chat est heureux comme un coq en pâte, il est le roi de la maison*

Contre vents et marées

Définition : proposer quelque chose en dépit de tous les obstacles, même de l'avis général.
Exemple : *Cette mère très pauvre a réussi contre vents et marées.*

Corps et âme

Définition : totalement, complètement
Exemple : *Il s'est vraiment consacré à ce projet corps et âme.*

Couleur locale

Définition : se dit d'un paysage, d'un vêtement, d'un comportement... très caractéristique d'un pays, d'une ville...
Exemple : *Quand nous sommes arrivés à Londres il y avait une petite pluie très couleur locale.*

Couper l'herbe sous le pied

Définition : devancer quelqu'un
Exemple : *Le gouvernement vient de couper l'herbe sous le pied de l'opposition, pour laquelle il sera difficile de refuser l'offre d'un dialogue.*

Couper la poire en deux

Définition : parvenir à un compromis
Exemple : *Les syndicats et le patronat ont coupé la poire en deux.*

Courber l'échine

Définition : se soumettre
Exemple : *Les grévistes ont la tête dure. Ils refusent de courber l'échine.*

Cousu de fil blanc

Définition : procédé apparent, prévisible
Exemple : *Le discours du ministre est cousu de fil blanc.*

Crier au loup

Définition : alerter pour rien
Exemple : *Doit-on crier au loup en observant l'arrivée de la technologie de l'intelligence artificielle ?*

Croiser les doigts

Définition : implorer la chance
Exemple : *J'ai demandé une augmentation, maintenant je croise les doigts !*

De la main à la main

Définition : sans formalités, sans intermédiaire, sans écrit
Exemple : *Certains patrons préfèrent payer de la main à la main et ainsi éviter de se faire taxer.*

De la poudre aux yeux

Définition : quelque chose de factice, « jeter de la poudre aux yeux » : tromper
Exemple : *Il aimait jeter de la poudre aux yeux, et confondait « être » avec « paraître ».*

De première main

Définition : matériel ayant appartenu à un propriétaire précédent.
Exemple : *Acheter une voiture d'occasion de première main.*

De seconde main

Définition : usagé, d'occasion
Exemple : *Maxime avait une voiture de seconde main qui fonctionnait parfaitement.*

Découvrir le pot aux roses

Définition : découvrir la vérité, le fin mot d'une affaire, le secret, la réalité cachée
Exemple : *En se rendant chez Landru, la police finit par découvrir le pot aux roses.*

Dégraisser le mammouth

Définition : diminuer le nombre de salariés d'une structure lourde et bureaucratique (généralement une administration)
Exemple : *Y a-t-il trop de profs à l'éducation nationale ? Oui et il faut dégraisser le mammouth !*

Délier la langue

Définition : faire parler quelqu'un
Exemple : *Cet effort de transparence de la part de la Maison-Blanche a eu un effet notable : il a délié les langues.*

Diriger d'une main de fer

Définition : diriger avec une très grande fermeté, une très grande autorité.
Exemple : *Il dirige son service/son équipe d'une main de fer.*

Donner du grain à moudre

Définition : avoir matière à réflexion
Exemple : *Cette nouvelle réglementation a donné du grain à moudre aux publicitaires.*

Donner le feu vert

Définition : donner l'autorisation
Exemple : *Il faut d'abord que le Parlement européen donne son feu vert.*

Donner un coup de pouce

Définition : aider
Exemple : *Nous voulons donner un coup de pouce aux jeunes afin de les aider à prendre leur place dans la société, à devenir autonomes.*

Dormir sur ses deux oreilles

Définition : être serein, confiant
Exemple : *Tout le monde se sentira en sécurité et pourra alors dormir sur ses deux oreilles.*

Du bout des lèvres

Définition : sans convictions
Exemple : *Du bout des lèvres, il a admis avoir peut-être fait une erreur en refusant d'abord de les rendre publics.*

Éléphant politique

Définition : personnalité incontournable et pratiquement inamovible dans un parti politique
Exemple : *Les éléphants du parti socialiste préparent la riposte électorale.*

En avoir l'eau à la bouche

Définition : être impatient
Exemple : *Rien qu'à l'évoquer en ce moment, j'en ai l'eau à la bouche.*

En avoir le cœur net

Définition : être sûr de quelque chose, faire en sorte de savoir quelle est vraiment la situation.certitude après vérification.
Exemple : *Je vais lui poser la question directement. Il faut que j'en aie le cœur net.*

En mettre sa main à couper/au feu

Définition : en être absolument certain
Exemple : *C'était lui, je t'assure ! J'en mets ma main à couper !*

En un clin d'œil

Définition : en une fraction de seconde
Exemple : *Une entreprise ne peut évidemment pas se transformer en un clin d'œil.*

En venir aux mains/en arriver aux mains

Définition : dans une dispute, finir par se battre (physiquement)
Exemple : *Les deux automobilistes ont commencé par s'insulter pour une banale histoire de stationnement. Puis ils en sont venus aux mains.*

Entre de bonnes mains

Définition : en compagnie de la bonne personne
Exemple : *T'inquiète pas, tes plantes sont entre de bonnes mains pendant ton absence.*

Être à cheval

Définition : être assis à califourchon
Exemple : *Il faut s'asseoir à cheval sur le jet-ski pour l'utiliser.*

Être à deux doigts de...

Définition : être très proche de faire quelque chose. Être près de, sur le point de.
Exemple : *C'est trop bête ! J'étais à deux doigts de réussir ! Mais ça ne s'est pas terminé comme prévu.*

Être à la tête

Définition : diriger
Exemple : *Carlos Ghosn est à la tête de Renault depuis plus de 10 ans*

Être au creux de la vague

Définition : dans une mauvaise situation psychologique, économique, au bas de sa popularité, de son activité
Exemple : *Ça fait un moment qu'il est au creux de la vague, si les choses ne changent pas il faudra qu'il ferme sa boutique.*

Être comme chien et chat

Définition : avoir des relations tendues, difficiles
Exemple : *Cyrielle et Ludovic Blanchard s'entendaient comme chien et chat.*

Être comme un poisson dans l'eau

Définition : être très à l'aise
Exemple : *Mon nouveau poste n'est pas facile, mais je serai comme un poisson dans l'eau d'ici quelques semaines.*

Être connu comme le loup blanc

Définition : connu de tous
Exemple : *Dans cette entreprise, Matthieu est connu comme le loup blanc.*

Être dans le pétrin

Définition : être dans une situation délicate, embarrassante, d'où il semble impossible de se sortir
Exemple : *Parfois, il vaut mieux demander de l'aide quand on est dans le pétrin.*

Être dans le rouge

Définition : avoir un compte bancaire débiteur, atteindre un niveau d'alerte, avoir une situation financière difficile
Exemple : *En gérant mal ses finances, elle fini chaque mois dans le rouge.*

Être la lanterne rouge

Définition : être le dernier, dernier d'un groupe de concurrents en général
Exemple : *La France est la lanterne rouge concernant les contrôles dans les ports.*

Être le dos au mur

Définition : être acculé
Exemple : *Elle voit son frère dos au mur qui essaie de miser tout ce qu'il possède.*

Être le vilain petit canard

Définition : se démarquer négativement
Exemple : *Le Cantal n'est plus le « vilain petit canard » sur les cartes de météo, les températures ont battu des records.*

Être pris à la gorge

Définition : ne pouvoir esquiver, échapper
Exemple : *Entre ces dettes à rembourser, je suis pris à la gorge.*

Être pris la main dans le sac

Définition : être pris en flagrant délit, en train de faire quelque chose d'interdit.
Exemple : *Ils l'ont pris la main dans le sac. Il était en train de voler du matériel.*

Être sur le gril

Définition : être de façon peu agréable mis en avant, être dans une situation où on est jugé (entretien, interview, interrogatoire…)
Exemple : *Les entretiens d'évaluation sont cet après-midi, on est sur le gril.*

Être sur les charbons ardents

Définition : être impatient, anxieux
Exemple : *Il attend la réponse du directeur, il est sur des charbons ardents*

Faire avaler des couleuvres

Définition : faire accepter sans broncher des décisions contraires à sa propre opinion, subir des vexations.
Exemple : *Le ministre a démissionné, car il n'en pouvait plus de servir de caution et d'avaler des couleuvres.*

Faire chou blanc

Définition : échouer
Exemple : *L'assassin court toujours, la police a fait chou blanc.*

Faire des pieds et des mains

Définition : se démener, faire tous ses efforts pour aboutir à un résultat
Exemple : *C'est ainsi que nous nous trouvons à faire des pieds et des mains pour convaincre les élus de nous écouter.*

Faire des vagues

Définition : générer de l'agitation, troubler, perturber quelque chose, créer un mouvement qui n'est pas souhaité
Exemple : *Son prochain film se base sur cette histoire de corruption au sein du gouvernement, il risque de faire des vagues.*

Faire du pied

Définition : faire des avances discrètes, avertir discrètement
Exemple : *Dans les restos parisiens exigus, vous êtes obligés de faire du pied à votre voisin, même sans le vouloir.*

Faire entrer le loup dans la bergerie

Définition : introduction d'un élément perturbateur ou d'un ennemi dans un groupe
Exemple : *Les villes de droite ne souhaitaient pas faire entrer le loup dans la bergerie en élisant un candidat de gauche.*

Faire feu de tout bois

Définition : savoir utiliser tous les moyens pour faire quelque chose. Savoir profiter des moindres choses, et en tirer profit.
Exemple : *Marcel, lui, il fait feu de tout bois. Il a toujours des idées pour arranger les choses avec presque rien.*

Faire grise mine

Définition : être contrarié, être dépité
Exemple : *Avec ces nouvelles taxes, les entreprises feraient grise mine et arrêteront les embauches*

Faire l'autruche, politique de l'autruche

Définition : refuser de voir la vérité, se la cacher, refuser de savoir quelque chose
Exemple : *Le gouvernement continue à faire l'autruche et refuse d'admettre que son bilan est catastrophique.*

Faire la course à l'échalote

Définition : faire la course pour le pouvoir
Exemple : *Entre les candidats c'est la course à l'échalote*

Faire la fine bouche

Définition : être difficile
Exemple : *Il faut dire que la place de marché manque de collecteurs, pas question donc de faire la fine bouche.*

Faire la pluie et le beau temps

Définition : s'imposer de manière très autoritaire
Exemple : *Ce prof fait la pluie et le beau temps en classe.*

Faire la sourde oreille

Définition : éviter d'accorder attention
Exemple : *Le gouvernement doit arrêter de faire la sourde oreille aux revendications légitimes.*

Faire le gros dos

Définition : prendre une attitude résignée pour laisser passer un moment désagréable.
Exemple : *Au milieu de cette crise financière, les entreprises font le gros dos.*

Faire les yeux doux

Définition : séduire
Exemple : *La capitale de l'Égypte fait à nouveau les yeux doux pour séduire les voyageurs.*

Faire main basse sur

Définition : s'emparer de
Exemple : *Ensuite, les conquérants font main basse sur les trésors des vaincus.*

Faire monter la mayonnaise

Définition : échauffer les esprits, dramatiser une situation
Exemple : *Sa réponse fit monter la mayonnaise au lieu de calmer les esprits.*

Faire pâle figure

Définition : mal paraître
Exemple : *Le pétrole est si pratique que les substituts envisagés font pâle figure.*

Faire ses choux gras de quelque chose

Définition : tirer profit, se régaler de quelque chose
Exemple : *Les avocats font leurs choux gras des divorces.*

Faire un appel du pied

Définition : invitation discrète
Exemple : *Le directeur général me faisait des appels du pied pour que je devienne son second.*

Faire un pied de nez

Définition : se moquer
Exemple : *Elle vient de faire à ses détracteurs un pied de nez qu'ils n'escomptaient pas.*

Faire un tabac

Définition : avoir du succès
Exemple : *Ce soir-là on a fait un tabac et depuis, Raph n'arrête pas d'en parler.*

Filer un mauvais coton

Définition : avoir la santé qui se dégrade, avoir sa réputation compromise, se trouver dans une situation très difficile
Exemple : *Adolescent, j'aurais pu filer un mauvais coton, heureusement que j'ai rencontré ma petite amie.*

Franchir la ligne jaune

Définition : aller trop loin
Exemple : *Craignant de franchir la « ligne jaune » de nombreux opposants ne parlent pas.*

Guêpier

Définition : position difficile, situation dangereuse dont on ne se tire pas sans dommage
Exemple : *Il a réussi a se retirer sain et sauf du guêpier dans lequel il se trouvait.*

Haut en couleur

Définition : exubérant, excentrique
Exemple : *Les pêcheurs marseillais sont souvent des personnages hauts en couleur !*

Hisser le drapeau blanc

Définition : capituler, abandonner
Exemple : *Après sa défaite, la gauche hisse le drapeau blanc.*

Homme-sandwich

Définition : personne déambulant avec des panneaux publicitaires accrochés devant et derrière.
Exemple : *Travaille mieux à l'école où tu finiras homme-sandwich.*

Hurler avec les loups

Définition : condamner quelqu'un en suivant l'avis de la majorité
Exemple : *Jérémie n'est pas indépendant, il est du genre à hurler avec les loups.*

Il fait gris

Définition : le temps est couvert et froid
Exemple : *Ce mardi il fait gris sur la partie sud du pays.*

Il s'en est fallu d'un cheveu

Définition : on a été très proche de… (plutôt familier, et plutôt au passé composé.)
Exemple : *Il n'est pas tombé. Mais il s'en est fallu d'un cheveu !*

Il y a de l'eau dans le gaz

Définition : il y a quelque chose d'anormal, il y a un problème
Exemple : *– Bertrand et Stéphanie sont toujours ensemble ? – Je ne sais pas, mais je crois qu'il y a de l'eau dans le gaz.* (= Je crois que les relations entre eux ne sont pas bonnes)

Jeter de l'huile sur le feu

Définition : attiser un conflit, faire empirer les choses, envenimer une situation
Exemple : *Tout le monde était très énervé et sa remarque n'a fait que jeter de l'huile sur le feu.*

Jeter l'éponge

Définition : abandonner
Exemple : *Il est important de ne pas jeter l'éponge face à un problème aussi complexe.*

Jeter un froid

Définition : rendre une ambiance désagréable
Exemple : *La réflexion de Véronique a jeté un froid pendant la réunion.*

Jouer avec le feu

Définition : s'exposer à des problèmes probables, prendre des risques dangereux
Exemple : *L'Union européenne a décidé de jouer avec le feu et de ne pas respecter le résultat du vote.*

Jouer des coudes

Définition : se frayer un passage dans une foule
Exemple : *Dans la plupart de festivals de plein air, il faut jouer des coudes pour apercevoir la scène.*

Jouer les gros bras

Définition : jouer les durs, les caïds
Exemple : *Les manifestants en colère ont décidé de jouer les gros bras face à la police.*

L'or noir

Définition : le pétrole
Exemple : *L'augmentation du prix de « l'or noir » provoque une augmentation de l'essence.*

La crème de la crème

Définition : le meilleur
Exemple : *Pour cette soirée nous aurons la crème de la crème.*

La grande bleue

Définition : la mer Méditerranée
Exemple : *La propriété donne une vue imprenable sur la grande bleue.*

La matière grise

Définition : le cerveau
Exemple : *il fait travailler sa matière grise, il réfléchit*

La mayonnaise prend

Définition : l'entente est bonne entre des personnes, la situation prend une tournure favorable (familier)
Exemple : *Je ne le connais pas du tout, mais je dois travailler en collaboration avec lui. J'espère que la mayonnaise va prendre !*

La pierre angulaire

Définition : élément indispensable, fondamental, base essentielle de quelque chose
Exemple : *La famille est la pierre angulaire de la société.*

La planète bleue

Définition : la planète Terre
Exemple : *L'eau occupe 70 % de la surface de notre planète Terre, c'est pourquoi on l'appelle la planète bleue.*

La planète rouge

Définition : la planète Mars
Exemple : *La présence d'eau sur la planète rouge est une grande découverte.*

Laisser passer l'orage

Définition : attendre le temps qu'une situation devienne moins risquée, attendre une accalmie, attendre la fin d'un conflit
Exemple : *La colère des parents ne dure pas longtemps, il faut laisser passer l'orage.*

Le billet vert

Définition : le dollar
Exemple : *L'euro devrait aussi rester élevé par rapport au billet vert.*

Le bouche-à-oreille

Définition : c'est la manière dont circule une nouvelle sans passer par des circuits officiels. Les gens se transmettent cette information.
Exemple : *J'ai appris la nouvelle par le bouche-à-oreille.*

Le bras droit de quelqu'un

Définition : principal adjoint de quelqu'un
Exemple : *Le secrétaire est indispensable à l'organisation et est le bras droit du président.*

Le fil rouge

Définition : fil conducteur d'un récit, d'une discussion
Exemple : *Le développement durable est le fil rouge de notre politique, annonce le Ministre.*

Le gratin

Définition : l'élite sociale
Exemple : *Tout le gratin Parisien était présent à la fameuse cérémonie.*

Le maillot jaune

Définition : le maillot jaune est un maillot distinctif de couleur jaune porté par le coureur occupant la première place d'un classement au cours de certaines compétitions de cyclisme sur route, dont notamment le Tour de France
Exemple : *Concernant le Tour de France, c'est un Allemand qui porte le maillot jaune en ce moment.*

Le marché noir

Définition : marché clandestin
Exemple : *Les armes sont volées à des gens qui les possèdent légalement et sont ensuite vendues sur le marché noir.*

Le nerf de la guerre

Définition : l'enjeu de la bataille
Exemple : *Quoi qu'on en dise, l'argent c'est au final le nerf de la guerre.*

Le péril jaune

Définition : à la fin du XIXe siècle comme le danger supposé que les peuples d'Asie vont surpasser les Blancs et gouverner le monde
Exemple : *Avec la montée en puissance de la Chine, le péril jaune refait surface.*

Le plancher des vaches

Définition : la terre ferme, en opposition au fait de naviguer sur l'eau ou de voler dans les airs
Exemple : *Un vol en Montgolfier est idéal pour vivre un moment inoubliable, loin du plancher des vaches.*

Le serpent qui se mord la queue

Définition : un cercle vicieux, problèmes dont on ne voit pas la fin
Exemple : *C'est le serpent qui se mord la queue : les ports attendent que les constructeurs fassent le pas pour s'équiper et inversement.*

Le téléphone rouge

Définition : ligne téléphonique entre chefs d'État
Exemple : *Les États-Unis et l'Union soviétique signent à Genève un accord sur l'installation d'un téléphone rouge entre Washington et Moscou.*

Le vent tourne

Définition : une situation est en train de changer, le rapport de force tourne à l'avantage d'un adversaire ou de soi-même
Exemple : *Avec la fin du cycle immobilier, le vent tourne progressivement dans le logement locatif et le segment haut de gamme.*

Les bleus

Définition : l'équipe de France d'un sport collectif (football, handball, hockey)
Exemple : *Ce soir c'est le match le plus important pour les Bleus*

Les blouses blanches

Définition : le corps médical hospitalier
Exemple : *Grève dans les hôpitaux. Les blouses blanches dans la rue.*

Les bœufs-carotte

Définition : membre de l'IGPN, la police des polices
Exemple : *Les « bœufs-carotte » ont la réputation d'être craints par leurs pairs.*

Les petits hommes verts

Définition : les extraterrestres
Exemple : *Les petits hommes verts auraient décidé d'envahir notre planète.*

Les rats quittent le navire

Définition : Lorsque la situation tourne mal, les gens lâches, intéressés, se sauvent en abandonnant tout. abandonner sans gloire une cause désespérée.
Exemple : *« Les rats quittent le navire », telle est l'affirmation que l'on peut entendre ici et là depuis l'annonce du départ du ministre de l'Économie.*

Les Verts

Définition : le parti écologiste
Exemple : *Les verts ont approuvé l'accord de rapprochement entre les deux partis.*

Lever le pied

Définition : ralentir, vivre à un rythme plus lent.
Exemple : *Il travaillait tout le temps avant. Depuis qu'il est papa, il a levé le pied.*

Manger dans la main de quelqu'un

Définition : être à la merci de quelqu'un
Exemple : *L'assistante semblait manger dans la main de son nouvel employeur.*

Marcher bras dessus, bras dessous

Définition : marcher ensemble avec chacun tenant le bras de l'autre ; complicité
Exemple : *Avec nos partenaires internationaux, nous marcherons bras dessus, bras dessous vers un avenir plus propre et sain.*

Marcher sur des œufs

Définition : se comporter avec une très grande prudence dans une situation délicate
Exemple : *Sa femme va se mettre en colère et il commence à marcher sur des œufs.*

Marquer quelque chose d'une pierre blanche

Définition : signaler une période de temps comme particulièrement mémorable parce
qu'un événement heureux ou favorable s'y est produit
Exemple : *Nous marquerons d'une pierre blanche le jour de votre arrivée parmi nous.*

Ménager la chèvre et le chou

Définition : essayer de se concilier deux parties adverses. Agir de façon à ne pas contrarier deux parties antagonistes.
Exemple : *Notre gouvernement tente de ménager la chèvre et le chou.*

Mettre de l'eau dans son vin

Définition : modérer ses ambitions, ses exigences
Exemple : *– Je me souviens bien de lui, c'était quelqu'un de fier et arrogant. – Oui, quand tu l'as connu, mais il a beaucoup changé ! Maintenant, il est plus réservé, moins arrogant. Il a mis de l'eau dans son vin.*

Mettre la main à la poche

Définition : participer financièrement
Exemple : *En plus de l'aide internationale, de nombreuses entreprises privées ont mis la main à la poche pour venir en aide aux victimes du tsunami.*

Mettre la puce à l'oreille

Définition : éveiller un soupçon
Exemple : *Les faits décrits par le délinquant étaient cohérents, mais le comportement du complice leur a mis la puce à l'oreille.*

Mettre le doigt dans l'engrenage

Définition : se laisser entraîner, être pris dans une situation dont on de peut pas sortir
Exemple : *Le gouvernement a mis le doigt dans l'engrenage en augmentant les impôts, maintenant, il faut qu'il gère les manifestations.*

Mettre le doigt sur

Définition : découvrir, retrouver
Exemple : *Avec l'avortement, vous avez mis le doigt sur un sujet tabou.*

Mettre le feu aux poudres

Définition : faire en sorte qu'une situation « explose »
Exemple : *Il a fait exprès de lui dire qu'il avait couché avec sa femme ! Évidemment, il a mis le feu aux poudres !*

Mettre les bouchées doubles

Définition : accélérer l'accomplissement de quelque chose
Exemple : *Nous nous sommes sentis pressés par le temps et nous avons dû mettre les bouchées doubles.*

Mettre les petits plats dans les grands

Définition : faire des efforts particuliers pour donner à quelqu'un le meilleur accueil possible
Exemple : *Ils avaient mis les petits plats dans les grands pour nous recevoir.*

Mettre les pieds dans le plat

Définition : aborder maladroitement un sujet à éviter
Exemple : *Je ne veux pas le nommer, car je ne veux pas me mettre les pieds dans le plat.*

Mettre son grain de sel

Définition : s'immiscer, en général mal à propos, dans une conversation ou une affaire
Exemple : *Chacun veut mettre son grain de sel dans ce débat.*

Mettre tous ses œufs dans le même panier

Définition : risquer tout ce qu'on a
Exemple : *Le concept de base de la diversification : il faut éviter de mettre tous ses œufs dans le même panier.*

Mi-figue, mi-raisin

Définition : ambigu, dubitatif
Exemple : *Les résultats du dernier trimestre sont mi-figue mi-raisin.*

Montrer patte blanche

Définition : prouver son identité, démontrer sa bonne foi
Exemple : *Quand on n'est pas un client connu de la maison, il faut montrer patte blanche.*

Montrer/pointer du doigt

Définition : désigner
Exemple : *Ce sont les commerçants qui sont pointés du doigt dans cette affaire.*

Mouton à cinq pattes

Définition : chose rare ou improbable
Exemple : *Nous sommes conscients d'être le mouton à cinq pattes de la compétition, mais nous avons déjà prouvé que nous étions capables d'atteindre nos objectifs.*

N'avoir ni queue ni tête

Définition : être désorganisé, incohérent, absurde, irrationnel
Exemple : *C'était un débat sans queue ni tête.*

N'en faire qu'à sa tête

Définition : être peu docile, têtu, entêté
Exemple : *Cet adolescent n'en fait qu'à sa tête.*

Navet

Définition : en parlant d'une œuvre artistique, et particulièrement d'un film : nul, sans aucun intérêt
Exemple : *Le dernier film que j'ai vu au cinéma était un vrai navet.*

Ne pas avoir froid aux yeux

Définition : être audacieux
Exemple : *La particularité des jeunes, c'est justement de ne pas avoir froid aux yeux.*

Ne pas être dans son assiette

Définition : ne pas être dans son état normal, physiquement et/ou moralement.
Exemple : *De temps en temps, il est normal de ne pas se sentir dans son assiette, de se sentir triste, inquiet, craintif ou méfiant.*

Ne pas être sorti de l'auberge

Définition : avoir encore beaucoup de problèmes, de travail, de difficultés
Exemple : *Si on regarde l'importance que les États membres accordent à l'égalité des chances, nous ne sommes pas sortis de l'auberge.*

Ne pas faire long feu

Définition : ne pas durer longtemps ou ne pas rester longtemps quelque part
Exemple : *Ce n'était pas la peine de mettre une telle somme d'argent dans ce jouet ! À mon avis, il va pas faire long feu !*

Ne pas l'entendre de cette oreille

Définition : ne pas être d'accord. n'être pas de cet avis.
Exemple : *Je lui ai demandé d'oublier ce qui s'est passé. Mais il ne l'entend pas de cette oreille. (On l'emploie en général pour parler des autres.)*

Ne pas manger de ce pain-là

Définition : Refuser d'agir de façon immorale
Exemple : *Dénoncer Marc pour sa faute ? Non je ne mange pas de ce pain-là !*

Ne pas manquer de piquant

Définition : intéressant, ironique, surprenant
Exemple : *La prochaine saison de la série tant attendue ne manquera pas de piquant !*

Ne pas savoir sur quel pied danser

Définition : ne pas être sûr de ce qui va se passer et donc ne pas savoir quelle décision prendre, quelle attitude adopter.

Exemple : *Il change tout le temps d'avis. Avec lui, on ne sait jamais sur quel pied danser.*

Ne pas y aller de main morte

Définition : faire preuve d'énergie, de fermeté
Exemple : *Les tarifs ont augmenté de 30 % ! Ils n'y vont pas de main morte !*

Noir sur blanc

Définition : sans aucune ambiguïté, incontestable
Exemple : *C'est écrit noir sur blanc*

Noircir du papier

Définition : écrire
Exemple : *Il passe ses journées à noircir du papier.*

Noircir le tableau

Définition : montrer surtout les défauts et aspects négatifs de quelque chose
Exemple : *Nous devons apprécier les lueurs d'espoir et non noircir le tableau.*

Noyer le poisson (dans l'eau)

Définition : créér la confusion chez quelqu'un en parlant d'autre chose, pour éluder la question ou le problème
Exemple : *Je voulais des réponses claires à mon problème. Mais il a noyé le poisson.*

Obéir au doigt et à l'œil

Définition : être très docile
Exemple : *Ils ne sont pas très compétents, mais les stagiaires obéissent au doigt et à l'œil.*

Œil pour œil, dent pour dent

Définition : loi du Talion, par vengeance, infliger à quelqu'un les mêmes dommages qu'il vous a infligés.
Exemple : *Je ne vais pas lui pardonner, et à partir de maintenant, c'est œil pour œil, dent pour dent !*

On ne sait pas si c'est du lard ou du cochon

Définition : on ne sait pas si la proposition est sérieuse, chose indiscernable
Exemple : *Le responsable du service est toujours très vague dans ses directives, on ne sait jamais si c'est du lard ou du cochon.*

Panier de crabes

Définition : ensemble de personnes aux relations compliquées, situation à intérêts conflictuels
Exemple : *Le Moyen-Orient est un véritable panier de crabes depuis les années 70.*

Parler dans le vent

Définition : ne pas être écouté quand on parle, parler dans le vide
Exemple : *Tu as entendu ce que je t'ai dit ? Ou est-ce que je suis en train de parler dans le vent ?*

Parler la langue de bois

Définition : baratiner
Exemple : *Tout bon politicien sait manier la langue de bois.*

Passer entre les gouttes

Définition : réussir à éviter quelque chose de désagréable qui atteint les autres
Exemple : *La crise a touché la plupart des pays européens, mais l'Allemagne semble être passée entre les gouttes.*

Passer la main

Définition : laisser sa place, son tour
Exemple : *Quand on a fait son temps, il est préférable de passer la main.*

Passer une nuit blanche

Définition : Une nuit où l'on ne dort pas
Exemple : *Ce matin, Marc était fatigué par une nuit blanche passée à réviser.*

Payer en monnaie de singe

Définition : payer avec une chose de faible valeur, voire ne pas payer du tout
Exemple : *Les clients de la banque empruntent à des taux dérisoires et remboursent quelques années plus tard en monnaie de singe.*

Payer un pot-de-vin

Définition : verser secrètement de l'argent à une personne influente afin d'obtenir un avantage
Exemple : *Vous ne pouvez pas obtenir des soins vitaux sans payer un pot-de-vin aux responsables de l'hôpital.*

Politique de la terre brûlée

Définition : tactique consistant à pratiquer les destructions les plus importantes possible, et en cas de conflit, de manière à les rendre inutilisables par l'adversaire
Exemple : *Avant son départ, l'ex-président a employé la politique de la terre brûlée pour mettre son successeur dans l'embarras une fois élu.*

Porter ses fruits

Définition : aboutir à un résultat positif
Exemple : *Leur action a porté ses fruits. Ils ont gagné !*

Porter un toast

Définition : boire à la santé de quelqu'un
Exemple : *Portons un toast à Jacques, qui vient de réussir son Bac !*

Poule aux œufs d'or

Définition : activité très enrichissante sans grand effort
Exemple : *La cigarette est une poule aux œufs d'or.*

Pour une bouchée de pain

Définition : pour une petite somme d'argent
Exemple : *J'ai acheté ce truc aux puces pour une bouchée de pain.*

Pousser comme un champignon

Définition : se développer rapidement
Exemple : *En temps de guerre, les camps de réfugiés poussent comme des champignons.*

Pousser le bouchon (un peu loin)

Définition : exagérer, dépasser les bornes
Exemple : *Quand son frère à commencé à pleurer, Maxime s'est dit qu'il avait poussé le bouchon un peu loin.*

Prendre le taureau par les cornes

Définition : s'attaquer à la difficulté avec détermination
Exemple : *Devant les difficultés que nous avons à surmonter, nous devons prendre le taureau par les cornes et dire la vérité aux gens.*

Prendre quelqu'un sous son aile

Définition : s'occuper de quelqu'un, le protéger, le guider
Exemple : *Il a pris ce jeune stagiaire sous son aile, ce qui l'aide bien à s'intégrer dans l'entreprise.*

Prêter main-forte (à quelqu'un)

Définition : aider quelqu'un, prêter son concours à quelque chose.
Exemple : *Les voisins sont venus nous prêter main-forte pour transporter le piano.*

Redescendre sur terre

Définition : retrouver le sens des réalités, cesser de rêver, revenir à la réalité (après avoir rêvé, espéré, imaginé)
Exemple : *Après notre mariage, ça nous a pris un moment avant de redescendre sur terre.*

Refiler une patate chaude

Définition : se débarrasser d'un problème embarrassant en transmettant la responsabilité à quelqu'un d'autre
Exemple : *Ma collègue a tendance à me refiler la patate chaude, ça m'énerve.*

Regarder d'un œil neuf

Définition : regarder avec du recul, ou d'une manière différente
Exemple : *Revenir sur votre travail permet très souvent de le regarder avec un œil neuf, et de corriger les erreurs.*

Remuer le couteau dans la plaie

Définition : rendre une situation ou une douleur encore plus pénible qu'elle ne l'est déjà
Exemple : *La diminution des allocations c'est vraiment remuer le couteau dans la plaie des chômeurs.*

République bananière

Définition : pays dirigé par un gouvernement corrompu
Exemple : *Je ne comprends pas qu'on puisse conclure des accords avec une république bananière.*

Rester en carafe

Définition : rester tout seul, être oublié
Exemple : *Il a oublié de me rappeler et je suis resté en carafe...*

Rester les bras croisés

Définition : laisser les choses aller d'elles-mêmes, ne pas intervenir
Exemple : *Mais voulons-nous rester les bras croisés, espérant contre toute attente qu'il n'y aura pas de violence ?*

Rester sur les bras

Définition : être chargé ou embarrassé de quelqu'un ou quelque chose
Exemple : *La reine Marguerite du Danemark, pour ses 70 ans, a vu une bonne partie de ses petits fours royaux lui rester sur les bras.*

Rester sur sa faim

Définition : avoir un sentiment de frustration, se sentir un peu déçu parce qu'on s'attendait à autre chose, à plus.
Exemple : *J'ai bien aimé ce roman. Mais on reste un peu sur sa faim à la fin.*

Retirer une épine du pied

Définition : résoudre un problème, ôter un souci
Exemple : *Le résultat du sondage retire une épine du pied au gouvernement.*

Ronger son frein

Définition : contenir avec peine une énergie négative : colère, frustration, impatience...
Exemple : *Danier a passé tout l'après-midi à ronger son frein, car il continuait à réfléchir aux reproches de sa petite amie.*

S'arracher les cheveux

Définition : s'acharner
Exemple : *Je m'arrache les cheveux sur ce problème.*

S'en donner à cœur joie

Définition : faire quelque chose avec beaucoup d'enthousiasme
Exemple : *Les falaises font le bonheur des alpinistes, tandis que les amateurs de ski peuvent s'en donner à cœur joie l'hiver.*

S'en laver les mains

Définition : se désintéresser d'un problème
Exemple : *Il n'a pas voulu suivre mes conseils dans cette affaire, désormais je m'en lave les mains.*

S'en mordre les lèvres

Définition : regretter
Exemple : *Il m'a trahi, je lui ai fait confiance et je m'en mords les lèvres.*

S'en mordre les doigts

Définition : regretter amèrement ce qu'on a fait. (familier)
Exemple : *Il a refusé ce poste. Et depuis, il s'en mord les doigts.*

Saigner à blanc

Définition : soutirer, dépouiller, exploiter, épuiser toutes les ressources vitales
Exemple : *Avec ces mesures d'austérité, les citoyens seront saignés à blanc.*

Se [faire] porter pâle

Définition : se prétendre malade
Exemple : *À force de se faire porter pâle il pourrait être mal vu de sa hiérarchie.*

Se brûler les ailes

Définition : échouer dans une entreprise ambitieuse (comme Icare qui s'est brûlé les ailes en volant trop près du Soleil)
Exemple : *À trop côtoyer le politique, certains finissent par se brûler les ailes.*

Se casser les dents sur quelque chose

Définition : subir un échec
Exemple : *Le succès n'est pas au rendez-vous et les investisseurs vont s'y essayer et s'y casser les dents.*

Se donner la main

Définition : s'entraider
Exemple : *C'est dans les moments difficiles qu'il est important de se donner la main.*

Se dorer au soleil

Définition : se faire bronzer
Exemple : *Nous avons pris une semaine de vacances pour pouvoir se baigner et se dorer au soleil.*

Se faire des cheveux blancs

Définition : se faire des soucis, s'inquiéter
Exemple : *Il n'est toujours pas rentré à la maison, je me fais des cheveux blancs.*

Se faire plumer

Définition : se faire escroquer, dépouiller de ses biens
Exemple : *Les finances publiques ne sont pas près d'être assainies et les Français continueront à se faire plumer pour financer le train de vie de ces gens-là.*

Se faire taper sur les doigts

Définition : se faire punir
Exemple : *La phrase du Premier Ministre n'a pas plu et il s'est fait taper sur les doigts par le Président.*

Se frotter les mains

Définition : se réjouir. Être content de quelque chose.
Exemple : *Les ventes sur internet ont beaucoup progressé. Les sites marchands se frottent les mains !*

Se jeter à l'eau

Définition : prendre un risque, tenter quelque chose de téméraire après avoir longuement réfléchi
Exemple : *Après avoir travaillé dix ans dans la même société, il s'est jeté à l'eau et a créé sa propre entreprise.*

Se jeter dans la gueule du loup

Définition : se mettre spontanément dans une situation dangereuse
Exemple : *Le parti a proposé une alliance avec les écologistes, mais pour eux, pas question de se jeter dans la gueule du loup.*

Se jeter dans les bras de quelqu'un

Définition : accourir vers quelqu'un
Exemple : *Les dirigeants ont fait volte-face et se sont jetés dans les bras de ces « démocrates » bourgeois.*

Se jeter sur quelqu'un à bras raccourcis

Définition : frapper quelqu'un avec violence
Exemple : *Il ne sert à rien de tomber à bras raccourcis sur les producteurs alimentaires et de dire que ce sont eux les méchants.*

Se mettre au vert

Définition : aller se reposer dans un endroit tranquille, à la campagne, prendre des vacances
Exemple : *Au cœur des montagnes, l'endroit idéal pour se mettre au vert.*

Se mettre quelqu'un à dos

Définition : fâcher quelqu'un qui ensuite vous devient hostile
Exemple : *Avec ses remarques idiotes, il s'est mis tout le monde à dos.*

Se noyer dans un verre d'eau

Définition : être complètement perdu à la moindre difficulté
Exemple : *On ne peut pas lui demander ce service, elle se noie dans un verre d'eau.*

se prendre pour le nombril du monde

Définition : se prendre pour le centre du monde
Exemple : *Nous ne sommes pas seuls sur terre, et nous n'avons pas vocation à nous prendre pour le « nombril » du monde.*

Se retrouver le bec dans l'eau

Définition : ne pas obtenir ce qu'on attendait, ne pas avoir de solution à un problème et ne plus savoir quoi faire
Exemple : *Lorsque des sociétés d'assurances faisaient faillite, les consommateurs se retrouvaient le bec dans l'eau.*

Se sentir pousser des ailes

Définition : prendre son autonomie, avoir l'impression que tout va nous réussir
Exemple : *En voyant leur pays organiser la Coupe du Monde, les Sud-africains se sentent pousser des ailes.*

Se serrer les coudes

Définition : s'entraider
Exemple : *La communauté internationale doit se serrer les coudes afin d'aider l'Afghanistan à préparer son avenir.*

Se tailler la part du lion

Définition : se réserver la plus grosse part
Exemple : *Dans le classement international des universités, les Anglo-saxons ont l'habitude de se tailler la part du lion.*

Singer quelqu'un

Définition : imiter quelqu'un (se dit surtout en ce qui concerne les gestes et mimiques)
Exemple : *Romain s'est pris une heure de colle, car ça fait deux fois qu'il singe le professeur de mathématiques en plein cours.*

Sous les yeux

Définition : à portée de vue
Exemple : *J'ai cherché mon téléphone pendant une heure, en fait il était sous mes yeux !*

Talonner quelqu'un

Définition : poursuivre
Exemple : *Dans les sondages, le candidat de droite talonne le président sortant.*

Tenir à cœur

Définition : être très important pour quelqu'un.
Exemple : *C'est un projet qui me tient à cœur. Je vais tout faire pour réussir.*

Tenir la route

Définition : être crédible, donner confiance, tenir honorablement son rang, sa place
Exemple : *Nous verrons bien si sa théorie tiendra la route quand il aura à la défendre devant un tribunal.*

Tirer à boulets rouges

Définition : attaquer durement, critiquer violemment
Exemple : *Les grévistes tirent à boulets rouges sur leur directeur.*

Tirer les marrons du feu

Définition : tirer avantage d'une situation pour soi-même
Exemple : *Il sait se débrouiller pour tirer les marrons du feu dans n'importe quelle situation.*

Tirer les vers du nez à quelqu'un

Définition : extirper des informations à quelqu'un, lui soutirer adroitement des confidences
Exemple : *Il faut laisser parler le client pour lui tirer les vers du nez.*

Tomber à l'eau

Définition : louper, manquer. « Un projet tombé à l'eau » a été abandonné.
Exemple : *Nous avions trouvé un acheteur pour l'appartement, mais finalement c'est tombé à l'eau*

Tomber dans les bras de Morphée

Définition : s'endormir
Exemple : *L'infusion à la camomille est idéale pour clore ce festin et tomber dans les bras de morphée.*

Tomber dans les bras de quelqu'un

Définition : s'enlacer à l'autre
Exemple : *La petite entreprise commençait à marcher toute seule, mais elle menaçait de tomber dans les bras de gros investisseurs.*

Tomber en carafe

Définition : tomber en panne
Exemple : *Désolé je ne peux pas vous rejoindre, je suis tombé en carafe sur le périph »!*

Tomber sur un os, il y a un os

Définition : rencontrer un problème inattendu
Exemple : *D'habitude le travail se passe sans problème, mais là on est tombés sur un os.*

Toucher du bois

Définition : chasser la mauvaise fortune, espérer la chance
Exemple : *Il n'a pas encore plu aujourd'hui, il faut que ça dure, je touche du bois.*

Tourner au vinaigre

Définition : se détériorer à propos d'une situation
Exemple : *À cause des récents événements, certains de leurs investissements ont tourné au vinaigre en très peu de temps.*

Traîner des casseroles

Définition : avoir la réputation d'avoir participé à des affaires pas très claires
Exemple : *Ce responsable politique traîne des casseroles comme beaucoup d'autres.*

Travailler au noir

Définition : travail clandestin, informel, non déclaré
Exemple : *Ils sont obligés de travailler au noir pour joindre les deux bouts.*

Trouver chaussure à son pied

Définition : trouver ce qu'on recherche ; trouver son âme sœur
Exemple : *Bientôt 40 ans, il était temps qu'elle trouve une chaussure à son pied.*

Tuer dans l'œuf

Définition : neutraliser, abandonner un projet avant sa réalisation
Exemple : *Agir trop tôt risque de tuer dans l'œuf une reprise économique émergente.*

Un bras de fer

Définition : une situation de conflit où personne ne veut céder ni négocier.
Exemple : *C'est le bras de fer entre la direction de l'entreprise et les salariés.*

Un cabinet noir

Définition : un service de renseignement secret
Exemple : *La seule personne qui croit qu'il y a un cabinet noir à l'Élysée, c'est François Fillon*

Un Casque bleu

Définition : soldat de l'ONU
Exemple : *Un Casque bleu a été touché à la tête par un coup de feu, mais n'a été que légèrement blessé.*

Un col blanc

Définition : employé de bureau
Exemple : *L'intelligence artificielle remplace certaines catégories de travailleurs « en col blanc ».*

Un col bleu

Définition : un ouvrier
Exemple : *Du point de vue social, disons que nous faisons un travail de col bleu.*

Un cordon bleu

Définition : un excellent cuisinier, une personne très habile en cuisine
Exemple : *On peut préparer des repas rapides, équilibrés et savoureux sans être nécessairement un cordon bleu.*

Un coup d'épée dans l'eau

Définition : une action inutile, une tentative sans résultat, vouée à l'échec.
Exemple : *Ça fait dix ans qu'il essaie de faire publier son livre, mais je crois que c'est un coup d'épée dans l'eau.*

Un échec cuisant

Définition : échouer de manière spectaculaire
Exemple : *Le candidat de gauche a subi un échec cuisant aux dernières élections.*

Un endroit noir de monde

Définition : un lieu populeux, se dit d'un lieu où la foule s'entasse
Exemple : *Lors du dernier jour d'ouverture du magasin, c'était noir de monde.*

Un film noir

Définition : sous-genre ou sous-catégorie appartenant au genre policier
Exemple : *Cette année un film noir a été récompensé au Festival de Cannes.*

Un homme de paille

Définition : un prête-nom (souvent dans une opération malhonnête)
Exemple : *Ce candidat est un homme de paille pour simuler une opposition au pouvoir du dictateur.*

Un mariage blanc

Définition : faux mariage
Exemple : *Quatre personnes condamnées pour un mariage blanc.*

Un miroir aux alouettes

Définition : un piège, un leurre
Exemple : *La situation économique en France est un miroir aux alouettes, pour des pays voisins qui vivent sous le seuil de la pauvreté.*

Un pied-noir

Définition : Français qui vivait en Algérie lors du temps de la colonisation française de celle-ci
Exemple : *Je suis un pied-noir (français naît et élevé en Algérie) et j'ai vécu dans une petite ville dans le sud de la France.*

Un produit vert

Définition : un produit respectueux de l'environnement
Exemple : *Le choix d'un produit « vert » pour faire sa lessive aura un impact limité sur la pollution.*

Un vote blanc

Définition : vote d'abstention
Exemple : *Les électeurs envisagent de voter blanc ou nul et 29,05 % s'abstiendraient.*

Une arme blanche

Définition : arme à lame
Exemple : *Un homme blessé à l'arme blanche à Paris.*

Une colère noire

Définition : forte colère
Exemple : *Quand il a vu l'état du salon, il est entré dans une colère noire.*

Une éminence grise

Définition : homme de l'ombre, conseiller occulte d'un homme de pouvoir
Exemple : *Il était plus qu'une éminence grise cachée dans des coulisses, d'où l'on surveillerait la situation.*

Une liste noire

Définition : ensemble de personnes qui sont exclues de l'accès à un emploi, une fonction, un lieu...
Exemple : *Il faut établir une liste noire des États membres qui ne coopèrent pas dans la lutte contre le terrorisme.*

Une marée noire

Définition : pollution par déversement de pétrole dans la mer
Exemple : *Le naufrage du pétrolier ERIKA en décembre 1999, qui a causé une marée noire, a marqué les esprits.*

Une tempête dans un verre d'eau

Définition : beaucoup de bruit ou d'agitation pour pas grand-chose.
Exemple : *Cette affaire n'est au fond qu'une tempête dans un verre d'eau. Elle fait la une des journaux, mais on l'aura oubliée demain.*

Une volée de bois vert

Définition : une sévère réprimande ou correction, critiques violentes
Exemple : *La volée de bois vert qu'il s'était pris ce jour-là était en passe de devenir une légende parmi le personnel.*

Unis comme les doigts de la main

Définition : unis
Exemple : *Ces deux-là sont unis comme les doigts de la main depuis l'enfance.*

Vache à lait

Définition : personne exploitée ; aussi activité lucrative
Exemple : *Cette agence de voyages prend les touristes pour des vaches à lait.*

Verser des larmes de crocodile

Définition : Pleurer dans le but de tromper les autres, montrer un chagrin hypocrite
Exemple : *L'accusé a versé des larmes de crocodile et a eu des propos incohérents lors du procès.*

Voir la vie en rose

Définition : trouver que la vie est très belle, que tout va vraiment bien. ne considérer que le bon côté des choses, être très optimiste
Exemple : *Depuis qu'il a rencontré Laura, il voit la vie en rose.*

Voir rouge

Définition : se mettre vraiment en colère
Exemple : *Il a vu rouge quand son fils lui a annoncé qu'il voulait arrêter ses études.*

Voiture bélier

Définition : véhicule projeté contre un bâtiment afin de le démolir pour y pénétrer.
Exemple : *Les vols à la voiture bélier perpétré contre des bijouteries sont en augmentation.*

Voler de ses propres ailes

Définition : être indépendant
Exemple : *Il est content de partir faire ses études à l'étranger parce qu'il a vraiment envie de voler de ses propres ailes.*

Y laisser sa peau

Définition : mourir (plutôt familier)
Exemple : *C'est une guerre terrible. Beaucoup y ont laissé leur peau.*

Lexique indispensable pour le DELF B2

A
à long terme
abondance (f.) l'
abonné
aboutir à qc
accéder à qc
accélérateur (m.), l'
accélérer
accès (m.), l'
accident (m.), l'
accomplir qc
achever qc
acquérir qc
adhérer à qc
admettre qc
adolescent (m.), adolescente (f.), l'
aéroport (m.), l'
agacer qn
agence (f.) de voyages, l'
agence (f.) publicitaire, l'
agir
alimentaire (adj.)

alimentation (f.), l'
allocation (f.) chômage
allocations (f.) familiales, les
allumer qc
amateur
amorcer qc
amplifier qc
anéantir qn/qc
annonce (f.), l'
apercevoir (s') de qc
apparaître
appartenir à qn/qc
apprécier qn/qc
approfondir qc
approvisionnement (m.), l'
arrêt (m.), l'
arrêt-maladie (m.), l'
arrivée (f.), l'
art (m.), l'
artisanat
artistique
Assemblée (f.) nationale, l'
assistance (f.) sociale, l'
associer (s') à qn
assurance-vieillesse (f.), l'
assurer qn/qc
atteindre qn/qc
attente (f.), l'
attentif, attentive
attention (f.), l'
atterrir
attitude (f.), l'
attraction (f.) touristique, l'
attrait (attirer qn)

au cours de
audacieux, audacieuse
augmentation (f.) de salaire, l'
autopartage (m.), l'
autorité (f.), l'
autoroute (f.) l'
avancer
avantages (m. pl.) sociaux, les
avocats
avoir confiance en qn

B
bac(calauréat), le
bagages (m.), les
base de données, la
bateau, le
beaux-arts (m.), les
bénéfice, le
bénéficier de qc
bénévolat, le
bombe atomique, la
bouquin (fam. = un livre)
brancher (se) (sur)
bulletin, le

C
cadre, le
Caisse-maladie, la
calotte glaciaire, la
camion, le
candidature, la
cantine, la
capable
capitalisme, le

cargo, le
cas social, le
cathédrale, la
céder à qn / qc
célibataire
centrale nucléaire, la
centre commercial, le
chaîne de montage, la
chaîne hi-fi, la
chasse (chasser), la
château, le
chauffage, le
chauffeur, le
chemin, le
chiffre d'affaires, le
chômage, le
chômeur, le / chômeuse, la
cinéaste, le
circonscription, la
circuit touristique, le
circulation, la
cité, la
citoyen, le / citoyenne, la
classement, le
clavier, le
clé USB, la
clim(atisation), la
cliquer
code, le
cohabitation, la
cohabiter
collège, le
collégien, le / collégienne, la
combattre qc / qn

commerce équitable, le
communauté, la
commune, la
compagnon, le / compagne, la
compartiment, le
compatibilité, la
compatible
compétitivité, la
comportement , le
comporter (se)
compréhensible
comptabilité, la
compte, le
concurrence, la
conditions (f.) de travail, les
conditions (f.) de vie, les
conducteur, le
conduire
confier (se) à qn
configuration, la
configurer qc
confondre qn / qc avec qn / qc
congé (de) maternité, le
congé parental, le
congé, le
congés payés (m.), les
conjoint, le
connaissance, la
connecter, se
conquérir qn / qc
conscience, la
conseiller, le
consentir à qc
considérer qc / qn

consigne, la
consommateur, le
consommation, la
consulter qc
consumérisme, le
contamination, la
contaminer
contenir qc
contenu, le
Contrat à Durée Déterminée (CDD), le
convaincre qn de qc
convenir (qc [me] convient)
convivialité, la
copier-coller
correspondre à qc
corriger
cotisation, la
cotiser
couche d'ozone, la
couche sociale, la
couple, le
cour, la
courriel, le / e-mail (m.), l'
courses (m.), les
court métrage, le
coût de la vie, le
covoiturage, le
craindre qc / qn
crise économique, la
croisement, le
croissance démographique, la
croître
Curriculum vitae (CV), le

D
déboisement, le
décaler qc
déceler qc
décevoir qn
décharge, la
déchets (m.), les
déclaration de revenus, la
déclencher qc
décoller
décourager qn
décrire qc/qn
dédaigner qc/qn
déduire qc de qc
défavorisé, défavorisée
défendre qc/qn
défier qc/qn
dégager qc de
dégradation, la
délinquant, le
demande d'emploi, la
demande, la
démarrer
démentir qc
démographique
démolir qc
dénoncer qc/qn
denrée, la
départ, le
département des ressources humaines, le
dépasser
déplacer, se
député, le
désamorcer qc

descendre
désertification, la
desservir (p.ex. une ville)
destruction, la
détour, le
détruire
détruire qc/qn
dettes (f.), les
développement durable, le
devenir qc
déviation, la
devoir de l'argent à qn
devoir, le
difficulté, la
dioxyde de carbone, le
diplôme, le
discipline, la
disparaître
disposer de qc/qn
dispositif, le
disque dur, le
distribution, la
diverger
donne, la
données (f.), les
douane, la
doubler
douceur [doux ; douce], la
doué, douée
droit aux prestations, le
droit, le
droits (m.) de l'homme, les

E
eau (f.) douce, l'
eau (f.) salée, l'
écart (m.), l'
échanger qc/qn
échéance (f.), l'
échec (m.), l'
échouer à un examen
écolier (m.), écolière (f.), l'
écologie (f.), l'
écologique
écologiste (m.+f.), l' (fam. « l'écolo »)
économie (f.) de marché, l'
écran (m.), l'
écraser
éditeur (m.), l'
éducation (f.) civique, l'
éducation (f.), l'
éduquer
effacer/supprimer
effet (m.) de serre, l'
effluents (m.), les
égalité (f.), l'
église (f.), l'
élever (s') à
élire qc/qn
embauche (f.), l'
embaucher qn
embouteillage (m.), l'
émerger
émissions (f.) nocives, les
emploi (m.) à plein temps, l'
emploi (m.) à temps partiel, l'
emploi (m.) saisonnier, l'

emploi (m.). l'
emploi (m.) à mi-temps, l'
employé (m.)/employée (f.), l'
employeur (m.), l'
emprunter de l'argent à qn
en ligne
en panne
en permanence
encourager qn
endettement (m.), l'
énergie (f.) éolienne, l'
énergie (f.) épuisable, l'
énergie (f.) renouvelable, l'
énergie (f.) solaire, l'
enjeu (m.), l'
enjeu (m.), l'
enquête (f.), l'
entrée (f.), l'
entreprendre qc
entreprise (f.), l'
entretien (m.) d'embauche, l'
environnement (m.), l'
envisager qc
éolienne (f.), l'
épanouir, s'
épanouissement (m.) personnel, l'
épanouissement (m.), l'
époux (m.), les
équipage (m.), l'
équipé, équipée de
équipement (m.), l'
équiper
espace (m.) public, l
espèce (f.) en voie d'extinction, l'

espèce (f.) protégée, l'
espoir
essence (f.), l'
essor (m.), l'
établir qc
établissement (m.), l'
État (m.), l'
éteindre qc
être concerné(e) (par)
être humain (m.), l'
étude (f.), l'
études (f.), les
étudiant (m.), étudiante (f.), l'
évoluer
exagérer qc
examen (m.), l'
exclure qc/qn
excursion (f.), l'
exercer un métier
exiger qc
expérimenté, expérimentée
exploitation (f.), l'
exposé, exposée à
exposer qc
exposition (f.), l'

F
fabricant, le
fabrication en masse, la
faiblir
faillite, la
faire le plein
famille recomposée, la
famine, la/disette, la

faune, la
favorisé, favorisée
feu rouge, le
feuille de maladie, la
fiancé, fiancée
fiche de paie, la
fichier, le
filière, la
flore, la
foire, la
force publique, la
forêt, la
formation continue, la
formation pour adultes, la
formation professionnelle, la
formation, la
fortune, la
forum, le (de discussion)
fournisseur, le
foyer, le
fragile
fragment, le
franchir qc
frapper
freiner
fromage à tartiner,, le
fuir qn/qc
fusion, la

G
gagner de l'argent
garder qc/qn
gare, la
garer, se

gaspillage, le
gaspiller
gaspiller qc
gaz toxique, le
gelé, gelée
générer qc
gentechnisch veränderter Mechanismus
géothermie, la
gérer qc
gestion de l'entreprise, la
glisser
gouvernement, le
grandir
gravure, la
grève, la
guérir de qc
guichet, le
guide, le

H
haïr qc/qn
handicapé, handicapée
harceler qn
héritage (m.), l'
hériter de qc/qn
heures (f.) supplémentaires, les
homme (m.) d'affaires, l'
horaire (m.), l'
hors connexion
humidité (f.), l'
humilier qn
hydrocarbures (m.), les

I
icône (f.), l'
immigré (m.), l'
immiscer (s') dans qc
imposer qc (à qn)
impôt (m.) sur le revenu, l'
imprimante (f.), l'
imprimer qc
incivilité (f.), l'
inclure qc/qn
incompréhensible
indemnité (f.) maladie, l'
indissociable
individu (m.), l'
inégalité (f.), l'
influencer qn
informaticien (m.), informaticienne (f.), l'
inoffensif, inoffensive
inquiéter (s')
inscription (f.), l'
inscrire, s'
insérer qc
instituteur (m.), institutrice (f.), l'
intéresser à qc, s'
intérimaire (m., f.), l'
internaute (m.), l'
interrompre qn
interruption (f.) volontaire de grossesse, l' (IVG)
intimider qn
intitulé [le titre]
irradier
itinéraire (m.), l'

J

jeu interactif, le
jeu vidéo, le
juge, le
juger
justifier qc
juvénile
laïcité, la

L

le cours, le
les liens sociaux
lettre de motivation, la
libérer (se) de qc/qn
libre-circulation, la
libre-échange, le
libre-service, le
licenciement, le
licencier qn
lien, le
lier qc/qn à
logement, le
logiciel, le
loi, la
long métrage, le
lycée, le
lycéen, le/lycéenne, la

M

main-d'œuvre, la
maintenir qc/qn
maire, le
mairie, la
maison d'édition, la

majorité, la
malsain, malsaine
malvoyant, malvoyante
manier qc
manifestation, la
manœuvre, le
marché, le
marcher/fonctionner
marée noire, la
marginal, marginale
matrimonial, matrimoniale
mécanicien, le
méfier (se) de qn
mémoriser
menacé, menacée
menacer qn de qc
ménage, le
ménager qn
mépriser qc/qn
métro, le
mettre qc en scène
migration, la
migrer
milieu naturel, le
minorité, la
mise en page, la
modem, le
modifier qc
monter
monument, le
mosquée, la
mot de passe, le
moteur, le
mousse, la

mouton, le
moyen de communication, le
musée, le

N
nappe phréatique, la
naviguer/surfer sur Internet
négliger qc/qn
négociation, la
nier qc
niveau de vie, le
non épuisable
notable, le
note, la
notoriété, la
nourrir
nourriture, la
nuire à qn
numérique
nutritionnel

O
obéir à qn (conjugaison comme « finir »)
obèse
obésité (f.), l'
obliger qn à + inf.
obtenir qc
œuvre (f.), l'
offre (f.) d'emploi, l'
offre (f.), l'
omettre qc
opérationnel, opérationnelle
ordinateur (m.), l'
ordinateur portable, le

ordures (f.), les
organisme génétiquement modifié (m.), l'
orientation (f.) professionnelle, l'
orientation (f.), l'
outil (m.), l'
ouvrier (m.) qualifié, l'
ouvrier (m.), l'

P
page d'accueil, la
palais, le
panneaux (m.) solaires, les
paraître
parent isolé, le
partage, le
partager qc
partager qc avec qn
Partner, die Partnerin
patrimoine, le
pauvreté, la
pays en voie de développement, le
peindre
peintre, le
peinture, la
pénible
pension alimentaire, la
pénurie, la
performant, performante
période d'essai, la
permis de conduire, le
perspectives (f.) d'avenir, les
perte, la
phare, le
pièce de théâtre, la

pièce jointe, la
piéton, le
plaindre (se) de qc
planète, la
poids lourd, le
politicien, le
polluant, polluante
pollué, polluée
polluer
pollution, la
population active, la
port, le
posséder qc
pouvoir d'achat, le
précaire
précariat, le
précéder qn/qc
prédire qc
prélèvement, le
pression, la
prestation de service, la
prestation sociale, la
prestation, la
prétendre qc
prêter de l'argent à qn
produit intérieur brut (PIB), le
produits (m.) du terroir, les
profusion, la
programmeur, le
projeter qc
promulgation, la
promulguer
prôner qc
propager qc

propriétaire, le
propriété, la
prospérité, la
protection, la
protéger
protéger qn/qc
proviseur, le
public, le
publier qc

Q
quai, le
quitter qn

R
rail, le
ralentir
rater qc
réacteur, le
réchauffement de la planète, le
récolte, la
récolter
reconversion, la
récréation, la (fam. « la récré »)
recruter qn
rectifier qc
recyclage, le
recycler
rédiger qc
réfractaire
régime, le
remplacer qc/qn
rémunération, la
rémunéré, rémunérée

rémunérer qn
renoncer à qn/qc
renseignements (m.), les
répandre qc
répartir qc
répartition, la
répercussion, la
représentation, la
réseau social, le
réseau, le (aussi : la toile, le web)
résoudre qc (un problème)
responsabilité, la
ressembler à qc/qn
ressources (f.),
restreindre qc
restriction, la
retraite (f.) anticipée, la/pré-retraite (f.), la
retraité, le
réussir qc
réussite, la
revenu, le
richesse, la
rôle, le
rompre avec qn
roue, la
rouler
route, la
rue, la
rupture, la

S
sacrifier, se
sain, saine/bon pour la santé
salaire, le

salarié, le
sans-papiers (m.), les
sauvegarde, la
sauvegarder qc
sauver
sauvetage, le
scanner
scène, la
scolaire
secteur industriel, le
Sécurité sociale, la (la « Sécu »)
séjour, le
semestre, le
Sénat, le
séparation, la
serveur, le
sévir
siège social, le
signifier
site (web), le
smartphone, le
sociabilité (f.), l'
sociable
société, la
sol, le
solitude, la
solution, la
solvabilité, la
souffrir de qc
souris, la
soutenir qn/qc
souvenir, le
spectateur, le/spectatrice, la
stage, le

stagiaire, le, la
station, la
statut social, le
subir qc
substances toxiques (f.), les
succéder à qc/qn
succursale, la
suffire (il suffit de + inf.)
surdoué, surdouée
synagogue, la
syndicat, le
système d'exploitation, le

T
tableau, le
tablette, la
tâches (f.) domestiques, les
tactile
talent, le
taux de croissance, le
télécharger qc
téléphone portable, le
terminus, le
terroir, le
texto, le
tiers-monde, le
Tiers-Monde, le
titre de transport, le
touche, la
toucher de l'argent
tour, la
tourner un film
toxicité, la
toxique

traitement, le
travail au noir/clandestin, le
travail par intérim, le
travailler en/par Intérim
tri des déchets, le
trier
trimestre, le
trimestriel, trimestrielle
tromper, se
tutoyer qn

U
unir qc/qn à qc/qn
urbain, urbaine
utilisateur (m.), l'
utilité (f.), l'

V
vacances (f.), les
vaincre qn qc
valise, la
vedette, la
véhicule, le
venger (se) de qn
vente par correspondance, la
vérifier qc
victime, la
violence, la
visite guidée, la
visite, la
visiter qc
voie, la
vol, le
volant, le

voler
vote, le
voter
vouvoyer qn
voyageur, le
vue, la
vulnérable

W
wagon, le

Z
zone rurale, la

**Plus de ressources pour apprendre le français sur
itsfrenchjuice.com**

contactez l'auteur :
jean@itsfrenchjuice.com

© Jean K. MATHIEU, 2020

Made in the USA
Las Vegas, NV
01 July 2021